PUBLICATIONS
DE LA COMPAGNIE DES EXPERTS COMPTABLES DE PARIS
C. E. C. P.

DE LA RÉFORME

DU TITRE II DU CODE DE COMMERCE

CONCERNANT LA TENUE DES LIVRES

I. — Mémoire présenté

par la Compagnie des Experts-Comptables de Paris

(C. E. C. P.)

II. — Opinions émises

sur le titre II du Code de Commerce

concernant la tenue des livres.

III. — Bibliographie.

Prix : 2 fr.

PARIS

COMPAGNIE
DES EXPERTS-COMPTABLES
DE PARIS
92, Rue de Richelieu, 92

GIARD ET BRIÈRE
LIBRAIRES-ÉDITEURS
16, Rue Soufflot, 16

1917

PUBLICATIONS
DE LA COMPAGNIE DES EXPERTS COMPTABLES DE PARIS
C. E. C. P.

DE LA RÉFORME

DU TITRE II DU CODE DE COMMERCE

CONCERNANT LA TENUE DES LIVRES

I. — Mémoire présenté

par la Compagnie des Experts-Comptables de Paris

(C. E. C. P.)

II. — Opinions émises

sur le titre II du Code de Commerce

concernant la tenue des livres.

III. — Bibliographie.

PARIS

<table>
<tr><td>COMPAGNIE
DES EXPERTS-COMPTABLES
DE PARIS
92, Rue de Richelieu, 92</td><td>GIARD ET BRIÈRE
LIBRAIRES-ÉDITEURS
16, Rue Soufflot, 16</td></tr>
</table>

1917

INTRODUCTION

Les débats qui ont eu lieu à la Chambre des Députés lors de la discussion de la loi sur les bénéfices industriels et commerciaux (1), ainsi que les décisions des commissions du premier degré et de la commission supérieure chargées de l'application de la loi sur les bénéfices réalisés pendant la guerre (loi du 1er juillet 1916), ont fait ressortir que nombre de commerçants ne se conformaient pas aux prescriptions des articles 8 à 11 du Code de commerce relatives à la tenue des livres, ou même qu'ils ne tenaient aucune comptabilité.

Un tel état de choses s'explique facilement : s'il est, en effet, de l'intérêt des commerçants eux-mêmes de tenir une comptabilité régulière, encore faut-il qu'ils puissent, à cet égard, se conformer aux règles qui leur sont imposées par la loi. Or les dispositions prévues par les articles précités, et dont quelques-unes sont tombées en désuétude, sont en partie inapplicables et ne répondent plus aux exigences ni au développement actuel des affaires.

Pour permettre aux commerçants d'observer les prescriptions légales concernant la tenue des livres, il serait nécessaire de mettre celles-ci en harmonie avec les besoins de notre époque.

La nécessité d'une telle réforme a été signalée depuis longtemps. Cette question a été notamment mise à l'ordre du jour du premier congrès des comptables français ouvert en 1880, sous le patronage du Comité central des chambres syndicales et de l'Union nationale du commerce et de l'Industrie, et sous la présidence d'honneur de M. Dietz-Monnin, ancien directeur de la section française à l'Exposition Universelle de 1878, membre de la Chambre de commerce. Le promoteur de l'idée de ce congrès fut M. Havard, président de la Chambre syndicale du papier.

Quelques années plus tard, en mai 1889, la Chambre syndi-

---

(1) *Journal officiel* du 18 juillet 1917, pages 1823 et suivantes.

cale des comptables fit déposer sur le bureau de la Chambre, par les soins de M. Bovier-Lapierre, député, une pétition ayant pour objet la réforme du titre II du Code de commerce.

Enfin, en août 1890, à la suite d'un concours organisé par la Société académique de Comptabilité (aujourd'hui Société de Comptabilité de France), deux nouvelles pétitions émanant de cette association furent déposées l'une à la Chambre des députés, par M. Léon Say, l'autre au Sénat par M. Jules Ferry, toutes deux appuyées de l'autorité de M. Glasson, membre de l'Institut, doyen de la faculté de Droit.

En dépit de tous les vœux émis par les différents congrès tenus en France, depuis 1880, la question n'a pas fait un pas.

Les lois fiscales récemment votées rendent plus impérieuse que jamais la nécessité d'une réforme des articles 8 à 11 du Code de Commerce. La Compagnie des Experts-Comptables de Paris a jugé opportun d'examiner à nouveau la solution de cette importante question, et a rédigé le présent mémoire dans le but de justifier les modifications qu'il conviendrait d'apporter à la législation actuellement en vigueur.

DE LA RÉFORME

du Titre II du Code de Commerce

Concernant la tenue des Livres

SECTION I

Mémoire du Conseil d'Administration
de la Compagnie
des Experts-Comptables de Paris.

I. — Nécessité de la réforme des articles 8 à 13
du Code de commerce.

Le titre II du Code de commerce réglemente, dans ses articles 8 à 13, la tenue de certains livres déclarés obligatoires pour le commerçant, et, dans ses articles 14 à 17, la communication ou la représentation des livres.

Si les articles 14 à 17 peuvent subsister sans inconvénient, il n'en est pas de même des articles 8 à 13 dont le maintien, dans leur rédaction actuelle, peut entraîner pour le commerçant de graves inconvénients.

Les prescriptions du titre II n'ont été l'objet, depuis 1807, d'aucun remaniement. Aussi n'est-il pas étonnant : d'une part, qu'elles ne correspondent plus aux besoins actuels du commerce, que le législateur de 1807 ne pouvait prévoir ; d'autre part, qu'elles ne soient plus en harmonie avec les progrès accomplis par la science comptable à la faveur du développement considérable des affaires.

En l'état actuel, la plupart des dispositions des articles 8 à 13 sont matériellement inapplicables. Elles sont d'ailleurs, en grande partie, tombées en désuétude, à tel point que les tribunaux se voient dans l'obligation de baser leur conviction sur des livres ou documents pour lesquels les formalités légales n'ont pas été observées, lorsqu'il résulte de l'examen de ces livres et documents que la bonne foi et la sincérité du commerçant ne peuvent être mises en doute.

Il conviendrait donc d'apporter à la législation en vigueur un certain nombre de modifications de nature à la mettre en harmonie avec les besoins actuels.

Pour pouvoir préciser ces modifications, il est nécessaire d'examiner successivement chacun des articles 8 à 17 du code de commerce.

II. — Examen des articles 8 à 17 du Code de commerce.

ARTICLE 8.

Rédaction actuelle. — Aux termes de l'article 8 : « Tout commerçant est tenu d'avoir un livre-journal qui présente, jour par jour, ses dettes actives et passives, les opérations de son commerce, ses négociations, acceptations ou endossements d'effets, et généralement tout ce qu'il reçoit et paye, à quelque titre que ce soit ; et qui énonce, mois par mois, les sommes employées à la dépense de sa maison ; le tout indépendamment des autres livres usités dans le commerce, mais qui ne sont pas indispensables. »

« Il est tenu de mettre en liasse les lettres missives qu'il reçoit, et de copier sur un registre celles qu'il envoie. »

Observations. — Ces prescriptions appellent les observations suivantes :

1° *Le journal unique.*

En présence de la précision des termes de l'article 8, il semble que l'expression « un livre-journal » doive être interprétée dans le sens de l'unité rigoureuse du journal. Or, dans les conditions actuelles des affaires, cette prescription ne peut être appliquée. En raison du grand nombre des opérations à comptabiliser, il serait matériellement impossible, dans la grande majorité des entreprises, de consigner sur un seul livre-journal toutes les écritures qui traduisent ces opérations. Aussi l'usage s'est-il établi d'enregistrer ces écritures sur des livres ou journaux distincts par nature d'opérations (achats, ventes, encaissements, paiements, etc.)

Ainsi que nous l'établirons ci-après, les tribunaux ont, à maintes reprises, consacré cet usage.

Il conviendrait, en conséquence, de supprimer la prescription du livre-journal et de n'imposer aux commerçants que l'obligation générale de tenir des livres.

2° *Enumération des opérations à enregistrer.*

Quelles sont les opérations qu'il y a lieu d'enregistrer ? L'article 8 en fait une énumération qui est à la fois inexacte et incomplète.

a) *Dettes actives et passives.* — Toutes les dettes actives (c'est-à-dire les créances) et toutes les dettes passives ne peuvent être présentées *jour par jour*. Ainsi, certaines dépenses, comme le loyer, les appointements, les intérêts des emprunts, etc., ne peuvent être comptabilisées que périodiquement (par exemple au moment de leur paiement effectif ou de l'inventaire annuel), bien qu'elles constituent, chaque jour, une dette partielle à la charge de l'entreprise.

b) *Opérations de commerce.* — Le commerçant n'enregistre pas sur ses livres *toutes* les opérations de son commerce. Seules, ne figurent sur les livres que les opérations *donnant lieu à une écriture commerciale*.

Ainsi n'y sont pas mentionnés les actes de sociétés, baux, contrats, polices d'assurances, etc.

c) *Endossements.* — L'endossement d'un effet de commerce n'est pas par lui-même une opération susceptible d'être enregistrée. C'est une simple formalité accessoire qui constate la cession, la remise, la négociation de l'effet. Seule, cette opération principale doit être mentionnée sur les livres.

d) *Opérations privées.* — Les opérations privées du commerçant doivent-elles figurer sur ses livres de commerce? L'article 8 semble répondre affirmativement, puisqu'il prescrit au commerçant de présenter « tout ce qu'il reçoit et paye, *à quelque titre que ce soit* ». Or cette inscription présenterait le grave inconvénient de fausser radicalement le résultat des affaires commerciales.

Elle est d'ailleurs inutile : d'une part, parce que les opérations privées sont généralement constatées par des actes civils dont il serait facile, le cas échéant, de trouver trace en dehors de toute inscription sur les livres de commerce ; d'autre part, parce que le commerçant est responsable sur ses biens, tant personnels que commerciaux, au même titre que les associés de certaines catégories de sociétés. Est-il besoin de faire remarquer que, pour ces dernières, l'obligation de mentionner sur les livres sociaux les opérations personnelles des associés n'existe pas. Il n'y a aucune raison de l'imposer au commerçant seul.

Enfin cette inscription n'est pas seulement impossible dans le cas où la maison de commerce appartient à plusieurs individus, elle l'est également lorsque le même individu possède plusieurs maisons de commerce.

En conséquence, il convient de dispenser le commerçant de mentionner sur ses livres ses opérations privées, à moins que celles-ci n'intéressent en même temps sa maison de commerce, c'est-à-dire lorsqu'elles se traduisent soit par un apport, soit par un prélèvement commercial.

Par contre, toute opération privée réalisant l'une de ces deux dernières conditions doit être mentionnée sur les livres, *quelle que soit la nature de la valeur apportée ou prélevée.* Il en est ainsi notamment des prélèvements de marchandises, qui ne sont pas visés par l'article 8. Celui-ci ne fait allusion, en effet, qu'aux opérations qui se traduisent par des mouvements d'espèces, puisqu'il prescrit au commerçant de présenter « *tout ce qu'il reçoit et paye* à quelque titre que ce soit ».

En résumé, l'énumération faite par l'article 8 des opérations à enregistrer est à la fois inexacte et incomplète. Il semble inutile, d'ailleurs, de préciser une énumération de cette nature qui ne peut être que limitative, et il suffirait de prescrire, d'une façon générale, l'inscription des opérations donnant lieu à une écriture commerciale, ainsi que les opérations privées, dans la mesure où elles intéressent, par contre-partie, la maison de commerce.

3° *Délai dans lequel doivent être enregistrées les opérations.*

Il convient de maintenir l'obligation d'inscrire jour par jour les opérations dont il a été question précédemment. Une exception à cette règle a été prévue par l'article 8 : le commerçant a la faculté de n'inscrire que mois par mois les sommes employées à la dépense de sa maison (dépenses privées).

Certains commerçants, au lieu de prélever, dans leur caisse commerciale, une somme globale destinée à alimenter leur budget privé, règlent leurs frais de maison au moyen de prélèvements partiels, au fur et à mesure qu'ils se présentent. Il y a lieu, dans le but d'éviter d'encombrer les livres d'une multitude d'écritures sans aucune utilité, de maintenir la disposition de l'article 8 prescrivant d'énoncer mensuellement, et sans détail, les dépenses de cette nature. Dans la pratique, d'ailleurs, cette inscription des menues dépenses personnelles est rarement effectuée et le commerçant prélève généralement une somme globale dont il passe écriture au moment où ce prélèvement est effectué.

Il existe une catégorie de commerçants *(détaillants)* qui, en raison du grand nombre des affaires qu'ils traitent, se trouvent, dans la plupart des cas, dans l'impossibilité de tenir des écritures détaillées de toutes leurs opérations. Il conviendrait de laisser à cette catégorie de commerçants la faculté de n'inscrire jour par jour que le total des opérations au comptant effectuées par eux dans le courant de la journée.

4° *Correspondance reçue.*

Aux termes de l'article 8, le commerçant « est tenu de mettre en liasse les lettres missives qu'il reçoit ». Ce procédé rudimentaire de classement n'est plus en usage et n'offre d'ailleurs aucune garantie particulière. Il suffit de prescrire au commerçant de conserver les lettres qu'il reçoit, en lui laissant toute liberté de choisir le mode de classement qu'il lui convient d'adopter.

5° *Correspondance envoyée.*

L'article 8 prescrit au commerçant de copier sur un registre les lettres qu'il envoie.

Le texte de 1807 visait la transcription manuscrite, sans interruption, blanc ni lacune, de toutes les lettres envoyées. Ce procédé ne répond plus aux besoins actuels. Il serait, d'ailleurs, inapplicable dans la plupart des cas, en raison du développement considérable pris par la correspondance dans une maison de commerce.

Depuis longtemps, grâce à la vulgarisation de l'emploi de la presse et de l'encre à copier, l'habitude a été prise de décalquer la correspondance sur des livres spéciaux dits « copies de lettres ». Ce système a lui-même dû céder la place à un procédé plus moderne, depuis l'invention de la machine à écrire, permettant l'obtention simultanée, sur feuilles séparées, de plusieurs exemplaires de la même lettre, et le classement des duplicata ainsi obtenus par dossiers de correspondants.

On objectera que la simple conservation de ces lettres sur feuillets séparés, ne présente pas un caractère suffisant d'authenticité : rien ne prouve que le duplicata conservé est conforme à l'original envoyé. Cette objection disparaît si l'on remarque que le « copie de lettres » ne présente pas une garantie plus efficace.

D'une part, en effet, ce livre ne peut être tenu sans interruption et présente nécessairement des blancs et des lacunes.

D'autre part, il serait toujours facile de conserver un ou plusieurs feuillets en blanc, pour y décalquer des lettres confectionnées après coup, voire même de substituer adroitement un feuillet à un autre.

En outre, rien n'empêche de tenir à la fois plusieurs copies de lettres. En fait, c'est ce qui se produit obligatoirement dans une maison d'une certaine importance.

Enfin la présence d'une copie sur un livre folioté n'implique pas nécessairement que l'original ait été réellement adressé.

De toute façon, quel que soit le mode de conservation adopté, l'authenticité de la copie conservée ne peut être garantie que par la comparaison ou la confrontation avec l'original lui-même. A cet égard, le duplicata sur feuille détachée présente la même efficacité que le copie de lettres ou le livre manuscrit prévu par le code de 1807.

En résumé, il conviendrait de supprimer l'obligation du livre de copie de lettres et de prescrire seulement au commerçant de conserver le duplicata des lettres qu'il envoie, sans préciser le procédé qu'il lui convient d'employer.

Rédaction proposée. — Si l'on tient compte des observations qui précèdent, la loi devrait se borner à prescrire d'une façon générale l'obligation de tenir des livres, de conserver les lettres reçues et le double des lettres envoyées. Il conviendrait de laisser au commerçant la faculté de déterminer lui-même les procédés particuliers qui s'adaptent le mieux au genre et à l'importance de ses affaires, à la façon du médecin qui règle lui-même la forme sous laquelle doivent être administrés les remèdes qu'il prescrit. En cas de contestation ou de faillite, il appartient au juge et à l'expert d'apprécier si les livres et documents qui leur sont soumis présentent, quelle qu'en soit la forme, le caractère voulu d'exactitude et de sincérité.

En conséquence, l'article 8 pourrait être rédigé ainsi :

« Tout commerçant est tenu d'avoir des livres mentionnant, jour par jour, les écritures qui expriment ses opérations commerciales ainsi que ses apports et prélèvements personnels, quelle qu'en soit la nature. Toutefois, il a la faculté de n'inscrire que mois par mois, et sans détail, les prélèvements qu'il effectue en vue de ses dépenses privées.

« Le commerçant détaillant peut ne mentionner, jour par jour, que le total des encaissements ou paiements au comptant effectués dans la journée.

« Tout commerçant est tenu de conserver les lettres commerciales qu'il reçoit et le duplicata de celles qu'il envoie. »

ARTICLE 9.

Rédaction actuelle. — Aux termes de l'article 9, tout commerçant « est tenu de faire tous les ans, sous seing privé, un inventaire de ses effets mobiliers et immobiliers et de ses dettes actives et passives, et de le copier, année par année, sur un registre spécial à ce destiné. »

Observations. — L'article 9 appelle des observations du même ordre que celles qui ont été faites concernant l'article 8 :

1° La transcription sur un seul registre du détail de l'inventaire, est impraticable dans la plupart des cas. En raison de la division du travail nécessitée par les besoins du commerce actuel, le récolement des diverses valeurs d'une entreprise est effectué par un nombre plus ou moins grand de personnes qui en consignent le résultat sur des états distincts par rayons, catégories de marchandises ou de valeurs, etc. Dans la grande majorité des maisons de commerce, il serait impossible de recopier tout ce détail sur un même livre.

D'autre part, la loi n'a pas prévu, pour le commerçant seul, l'établissement du bilan qui résume l'inventaire. Il serait nécessaire de prescrire cette formalité qui est obligatoire pour les sociétés anonymes, et d'imposer l'obligation de transcrire sur un livre spécial, non les inventaires détaillés, mais seulement les bilans annuels. La comparaison de ces derniers avec le détail consigné sur les états d'inventaires garantirait l'exactitude des chiffres et des résultats qu'ils mentionnent, au même titre que la copie intégrale des inventaires eux-mêmes.

2° L'obligation de mentionner sur l'inventaire les biens personnels du commerçant, appelle des observations analogues à celles qui ont été formulées précédemment en ce qui concerne l'inscription au journal, des opérations privées.

Cette obligation n'est pas imposée aux sociétés ; il n'y a aucune raison de l'appliquer aux commerçants seuls. En fait, ceux-ci se dispensent de mentionner leurs biens personnels. Il conviendrait par conséquent de n'exiger, tant sur le rélevé de l'inventaire que sur le bilan, que l'énoncé des biens qui composent l'actif et le passif de la maison de commerce.

3° Enfin il serait désirable d'étendre l'obligation de dresser l'inventaire et le bilan aux biens qui composent l'actif et le passif de la maison de commerce, au moment de sa création.

Rédaction proposée. — En résumé, l'article 9 pourrait être rédigé comme suit :

« Tout commerçant est tenu de faire, au début de ses opérations commerciales, et tous les ans, un inventaire de l'actif et du passif de sa maison de commerce, de dresser l'état détaillé de cet inventaire, et de copier le bilan qui le résume sur un registre spécial à ce destiné. Le bilan doit être certifié sincère et signé. »

ARTICLE 10.

Rédaction actuelle. — « Le livre-journal et le livre des inventaires seront paraphés et visés une fois par année.

« Le livre de copies de lettres ne sera pas soumis à cette formalité.

« Tous seront tenus par ordre de dates, sans blancs, lacunes ni transports en marge. »

Observations. — 1° *Paraphe et visa annuels.* Cette formalité est depuis longtemps tombée en désuétude. Elle constitue une gêne pour le commerçant, qui la considère, en outre, comme vexatoire et susceptible de nuire au secret de ses affaires.

Son accomplissement n'est d'ailleurs pas une garantie de l'exactitude des chiffres mentionnés sur les livres.

En outre, l'observation stricte de cette prescription entraînerait un travail considérable pour les juges consulaires. Pratiquement, elle est irréalisable dans les grandes villes.

D'ailleurs, en raison de l'impossibilité, signalée précédemment, de tenir, dans la plupart des cas, un journal unique, le maintien de la formalité du visa annuel entraînerait l'obligation de soumettre à ladite formalité tous les livres-journaux de la maison de commerce. L'inconvénient qui vient d'être signalé s'en trouverait par conséquent accru.

Cette difficulté n'avait pas échappé au législateur, puisqu'il résulte du procès-verbal de la séance du Conseil d'Etat du 26 février 1807, que la formalité du paraphe et du visa annuels n'a pas été exigée pour les livres de copies de lettres, parce qu'ils « doivent être considérés comme des livres auxiliaires *et qu'ils sont trop multiples dans une maison de commerce* ».

2° *Tenue des livres.* — Les livres prescrits doivent être tenus par ordre de dates, sans blancs, lacunes, ni transports en marge. Ces prescriptions, qui ont pour but d'empêcher l'intercalation d'opérations fictives, doivent être maintenues.

Il conviendrait d'interdire également les grattages ou procédés analogues de suppression ou de substitution.

Par contre, les erreurs sont matériellement inévitables. L'obligation dans laquelle se trouve le commerçant de passer une écriture complémentaire de redressement, à la date où l'erreur est constatée, nuit à la clarté et entraîne fréquemment de nouvelles erreurs de contrepassement. On ne s'explique pas que le commerçant n'ait pas la faculté de procéder, en cas d'erreur matérielle, comme le font les notaires et les autres officiers ministériels, et

de rectifier purement et simplement les écritures énon-
cées, à la condition toutefois de laisser apparentes les
inscriptions primitives et d'approuver les rectifications
faites.

Dans ces conditions, les transports en marge reste-
raient interdits en ce qui concerne l'addition d'écritures
nouvelles, mais permis, sous la double réserve ci-dessus
indiquée, pour les rectifications d'écritures existantes.

Rédaction proposée. — Si l'on tient compte des observations qui précèdent, l'article 10 pourrait être libellé
ainsi :

« Les livres prescrits par les articles 8 et 9 ci-dessus
seront tenus par ordre de dates, sans blancs, lacunes,
grattages ou tous autres procédés analogues de suppression ou de substitution d'écritures, ni transports en
marge d'écritures nouvelles. Toutefois des rectifications
pourront être faites, sous réserve d'être approuvées et de
laisser apparentes les inscriptions primitives. »

<h3 style="text-align:center">ARTICLE 11.</h3>

Rédaction actuelle. — « Les livres dont la tenue est
ordonnée par les articles 8 et 9 ci-dessus seront cotés,
paraphés et visés, soit par un des juges des tribunaux de
commerce, soit par le maire ou un adjoint, dans la forme
ordinaire et sans frais. Les commerçants sont tenus de
conserver ces livres pendant dix ans. »

Observations. — 1° *Cote, paraphe, visa.* — Ces formalités n'ajoutent rien à l'authenticité des écritures men-
tionnées : un registre coté, paraphé et visé, peut contenir
des indications inexactes. Inversement, un livre pour
lequel cette prescription n'a pas été observée, peut être
régulier et sincère.

En outre, cette formalité, de même que celle du visa
annuel prévu par l'article 10, est pratiquement inapplicable. Elle constituerait un travail considérable pour les
juges consulaires et il est impossible de l'observer dans
les grandes villes, en raison du grand nombre de livres

qui devraient y être soumis. En fait, la plupart des commerçants se dispensent de remplir cette formalité. Tout au plus pourrait-on la maintenir en ce qui concerne le livre d'inscription des bilans annuels.

2° *Conservation des livres*. — Il conviendrait de maintenir cette obligation, en précisant le point de départ du délai de dix ans prévu par la loi, et en l'étendant à tous les livres ainsi qu'aux documents commerciaux et pièces justificatives.

Rédaction proposée. — Si l'on tient compte des observations qui précèdent, l'article 11 deviendrait :

« Le livre d'inscription des bilans, prescrit par l'article 9 ci-dessus, sera coté, paraphé et visé, soit par un des juges des tribunaux de commerce, soit par le maire ou un adjoint.

« Les commerçants sont tenus de conserver leurs documents pendant dix ans à partir de leur date et leurs livres commerciaux pendant dix ans à partir de la date de la dernière écriture. »

Article 12.

Rédaction actuelle. — « Les livres de commerce, régulièrement tenus, peuvent être admis par le juge pour faire preuve entre commerçants pour faits de commerce. »

Cet article, qui vise tous les livres indistinctement susceptibles d'être tenus par le commerçant, ne donne lieu à aucune observation et doit être maintenu dans sa rédaction actuelle.

Article 13.

Rédaction actuelle. — « Les livres que les individus, faisant le commerce sont obligés de tenir, et pour lesquels ils n'auraient pas observé les formalités ci-dessus prescrites, ne pourront être représentés ni faire foi en justice, au profit de ceux qui les auront tenus, sans préjudice de ce qui sera réglé au livre des faillites et banqueroutes. »

Observations. — Il résulte des observations faites précédemment que les dispositions relatives à la forme du livre-journal, telle qu'elle est prévue à l'article 8, à la formalité du paraphe et du visa annuels prévue par l'article 10, et à la formalité de la cote, du paraphe et du visa prescrite par l'article 11, sont pratiquement inapplicables et sont tombées en désuétude.

En conséquence, les tribunaux se voient fréquemment dans l'obligation de baser leur conviction sur des livres pour lesquels les formalités légales n'ont pas été observées.

C'est ainsi que le juge peut être amené à fonder sa décision sur des livres autres que le journal prescrit par l'article 8, ou sur de simples documents commerciaux. « Les livres dont les articles 14 et 15 C. com. permettent d'ordonner la communication ou la représentation, ne sont pas uniquement ceux dont la loi exige et règle la tenue pour les commerçants ; il appartient aux tribunaux d'ordonner la représentation des autres livres, registres auxiliaires et documents qui existent dans les maisons de commerce, et dont l'examen est propre à éclairer leur religion. » (Req. 16 mai 1899. — D. P. 99-1-399.)

L'inobservation des formalités relatives au paraphe et au visa n'empêche pas davantage les tribunaux de puiser dans l'examen des livres irréguliers des éléments de preuve. « Attendu que s'il est de principe que les livres de commerce qui n'ont pas été paraphés et visés conformément à la loi, ne peuvent être représentés ni faire foi en justice au profit de ceux qui les ont tenus, il n'en résulte pas que, lorsque ces livres sont produits, les juges ne puissent en comparer les énonciations à celles des autres pièces justificatives régulièrement fournies au procès, et trouver dans la concordance de ces énonciations une de ces présomptions abandonnées par la loi aux lumières et à la prudence des magistrats. » (Req. 3 janvier 1860. — D. P. 1860-1-222.)

De même, l'irrégularité du copie de lettres ne suffit pas pour le faire rejeter : « Les juges peuvent trouver la

preuve juridique d'un fait déterminé dans la correspondance même d'un commerçant, bien que son livre de
copie de lettres, où le fait se trouve constaté, soit tenu
irrégulièment. » (Req. 7 janvier 1896. — D. P. 96-1-135.)

Il est à remarquer d'ailleurs que les décisions de justice dont il vient d'être question, bien qu'en apparence en
contradiction avec l'article 13, sont parfaitement confor-
mes à la loi. En matière commerciale, en effet, tous les
modes de preuve sont admis. Conformément à l'art. 109
du Code de commerce, le juge peut s'appuyer non seulement sur les livres de commerce, mais encore sur les documents commerciaux, factures acceptées, correspondance, et même sur la preuve testimoniale.

Bien plus : En vertu de l'article 1353 du Code civil, les
présomptions qui ne. sont point établies par la loi, sont
néanmoins abandonnées aux lumières et à la prudence
du magistrat, dans les cas où la loi admet les preuves
testimoniales.

Ainsi le juge est autorisé à s'inspirer de simples
présomptions et à faire état de toutes indications de
nature à former sa conviction, et il est amené à appuyer
ses décisions sur des livres pour lesquels les prescriptions
légales n'ont pas été observées.

Sans doute, il ne puise pas dans des livres irréguliers
une preuve proprement dite, mais une présomption
de fait. Comme le font remarquer MM. Lyon-Caen et
Renault, « la différence se réduit presque à une question
de mots ». (Traité de droit commercial, I, n° 287).

Il semble donc inutile, dans ces conditions, de para-
lyser le juge par des dispositions qui, d'ailleurs, ainsi
que nous l'avons vu, sont inapplicables ; et il serait
préférable, par la suppression pure et simple de l'article
13, d'assurer au magistrat la liberté pleine et entière qu'il
tient déjà de l'article 109 du Code de commerce et de
l'article 1353 du Code civil.

Articles 14, 15, 16, 17.

Ces articles ne donnent lieu à aucune observation et
peuvent être maintenus sans inconvénient.

Il en est de même de l'article 586 du Code de commerce.

III. — Conclusion.

En résumé, la plupart des dispositions prévues par les articles 8 à 13 du Code de commerce ne répondent plus aux besoins actuels.

Pratiquement, elles sont inapplicables.

En fait, elles sont tombées en désuétude.

Enfin elles sont en contradiction avec certaines dispositions légales (articles 109 du Code de commerce, 1353 du Code civil), et les magistrats se voient dans l'obligation de fonder leurs décisions sur des livres et documents pour lesquels les prescriptions légales n'ont pas été suivies.

En conséquence, et étant donné, suivant l'expression de MM. Lyon-Caen et Renault, qu' « il est toujours fâcheux qu'une loi subsiste alors qu'elle n'est pas appliquée » (Traité de droit commercial, I, n° 288 bis), il semble nécessaire d'apporter aux articles 8 à 13 du Code de commerce les modifications indispensables pour les mettre en harmonie avec les besoins des commerçants et ne pas exposer ces derniers à la nécessité de violer la loi.

IV. — Rappel des modifications proposées.

Article 8. — Tout commerçant est tenu d'avoir des livres mentionnant, jour par jour, les écritures qui expriment ses opérations commerciales, ainsi que ses apports et prélèvements personnels, quelle qu'en soit la nature. Toutefois, il a la faculté de n'inscrire que mois par mois, et sans détail, les prélèvements qu'il effectue en vue de ses dépenses privées.

Le commerçant détaillant peut ne mentionner jour par jour que le total des encaissements ou paiements au comptant effectués dans la journée.

Tout commerçant est tenu de conserver les lettres commerciales qu'il reçoit et le duplicata de celles qu'il envoie.

Article 9. — Il est tenu de faire, au début de ses opérations commerciales, et tous les ans, un inventaire de l'actif et du passif de sa maison de commerce, de dresser l'état détaillé de cet inventaire, et de copier le bilan qui le résume sur un registre spécial à ce destiné. Le bilan doit être certifié sincère et signé.

Article 10. — Les livres prescrits par les articles 8 et 9 ci-dessus seront tenus par ordre de dates, sans blancs, lacunes, grattages ou tous autres procédés analogues de suppression ou de substitution d'écritures, ni transports en marge d'écritures nouvelles. Toutefois des rectifications pourront être faites, sous réserve d'être approuvées et de laisser apparentes les inscriptions primitives.

Article 11. — Le livre d'inscription des bilans, prescrit par l'article 9 ci-dessus, sera coté, paraphé et visé, soit par un des juges des tribunaux de commerce, soit par le maire ou un adjoint. Les commerçants sont tenus de conserver leurs documents pendant dix ans à partir de leur date et leurs livres commerciaux pendant dix ans à partir de la date de la dernière écriture.

Article 12. — « Les livres de commerce régulièrement tenus... » (rédaction actuelle.)

Article 13. — A supprimer.

SECTION II

Opinions émises
sur le titre II du Code de Commerce
concernant la tenue des livres.

Comment les commerçants se comportent-ils vis-à-vis de l'article 10 qui les concerne ?

A Paris, et d'après une statistique toute récente dressée sur notre prière à l'Annuaire Didot-Bottin, il y a environ un commerçant sur vingt habitants, soit un chiffre respectable d'à peu près *cent mille* commerçants et industriels, tous également tenus d'avoir des livres de commerce.

Or, supposons qu'en moyenne chaque commerçant utilise par année deux « livres-journal » — c'est un minimum — et voilà déjà que MM. les juges auraient *deux cent mille* registres à coter et à parapher annuellement.

Tout commerçant étant tenu de présenter chaque année au *visa* la dernière page écrite de son journal et de son livre d'inventaires, voilà de nouveau *deux cent mille* registres sur lesquels MM. les juges auraient à apposer leur signature. C'est donc, au bas mot, environ *quatre cent mille* registres que nos magistrats consulaires devraient coter, parapher et viser annuellement si, d'aventure, MM. les commerçants se mettaient à prendre la loi au sérieux et à l'observer strictement, ce qui, par parenthèse, serait à coup sûr le meilleur moyen d'en obtenir une *revision immédiate*.

La curiosité nous a pris de connaître le total des volumes présentés annuellement à la cote et au paraphe de MM. les juges ; le voici : *à peine trois mille*, c'est-à-dire qu'un *millier* de commerçants tout au plus se soumettent, à Paris, aux prescriptions de l'article 10 ; encore ne l'observent-ils qu'à demi, car sur ce nombre, il ne s'en trouve pas *dix* qui fassent viser chaque année la dernière page de leur journal et de leur livre d'inventaires.

E. Léautey, Questions actuelles de comptabilité, page 36 et suivantes. Paris, Guillaumin, 1881.

En présence de la désuétude presque complète des art. 10 et 11 et de l'inefficacité des sanctions édictées par la loi, il semblerait plus rationnel de supprimer ces formalités. Il est toujours fâcheux qu'une loi subsiste, alors qu'elle n'est plus appliquée. On ne peut songer à rendre plus sérieuses les sanctions légales, les formalités dont il s'agit n'ont pas une utilité assez grande pour cela. Aussi, ne trouve-t-on pas de formalités semblables dans tous les pays (1).

Lyon-Caen et Renault, Traité de droit commercial, 1, n° 288 *bis*.

La Chambre de Commerce de Nancy émet le vœu que les formalités de cote, parafe et visa des livres de commerce soient supprimées, pour rendre régulières les écritures faites sur feuilles volantes à l'aide de machines à écrire.

Le registre copie de lettres serait également supprimé, et les copies prises sur feuillets détachés.

Le commerçant n'aurait d'autres obligations que de tenir un livre-journal relié pouvant ne contenir que le résumé de ses opérations.

Nous nous associons aux conclusions adoptées par la Chambre de commerce de Nancy demandant la modification des articles 8, 10 et 11 du Code de Commerce.

Bulletin de la Chambre de commerce de Valence et de la Drôme, N° 4, 1910.

... A l'égard des sanctions, la législation actuelle est incohérente. Puisque les obligations légales pèsent sur tout commerçant, il faudrait aussi que tout commerçant, qui ne s'y conforme pas, fût frappé d'une certaine peine, sans préjudice de peines plus graves appliquées aux fautes plus graves.

J. Marchal. — A Messieurs les juges des Tribunaux de Commerce. Lyon, Revue Banque et Commerce, N° 46, 1902.

Le législateur ne saurait tarder davantage à affranchir officiellement la comptabilité d'un formalisme tyrannique, qui n'a jamais réussi à apporter dans la tenue des écritures commerciales la garantie de loyauté qu'il était destiné à procurer.

D'ailleurs, ce n'est pas parce que cette réglementation serait susceptible, par hasard, de gêner les fantaisies comptables de quelques malfaiteurs, — qu'on a mille autres occasions et moyens de dévoiler et d'atteindre, — qu'il pourrait convenir d'en faire supporter les inutiles exigences à la masse entière des honnêtes commerçants.

Pour que la réforme aboutisse, il suffira que le législateur sache reconnaître que la comptabilité, envisagée en elle-même, n'est,

---

(1) *En Angleterre notamment, pays commercial par excellence, la loi n'impose ni livres obligatoires, ni visas, ni paraphes. C'est cependant chez nos voisins que l'on apprécie à sa valeur l'utilité de la comptabilité et de son contrôle.* (N. D. L. R.).

somme toute, qu'un historique raisonné, savamment ordonné des opérations commerciales, constatées par toute la documentation journalière, cet historique doit pouvoir être librement dressé selon la forme qui semble la plus facile et la plus utile au commerçant pour ses propres besoins.

D'autant plus que la réalité matérielle de tout ce que cette comptabilité constate, réside essentiellement dans les factures, quittances, pièces, lettres et tous documents *originaux*, qui, *seuls*, constituent la réelle substance de preuve et de vérité.

L. Rachou. — La tenue des livres sur feuillets mobiles au point de vue juridique. Paris, Société de Comptabilité de France, 1905.

Entre le procédé du journal en un seul volume, occasionnant des semaines, voire des mois de retard, et celui du journal divisé, puis centralisé, qui permet d'être constamment à jour au moyen des écritures originales elles-mêmes, il ne semble pas que l'hésitation soit possible.

Gabriel Faure. — Étude technique sur la centralisation des écritures journalières. Paris, Société de Comptabilité de France, 1907.

Le journal unique, ce drôle de registre recevant le détail de toutes les opérations faites, procès-verbal permanent de l'existence commerciale, où tout doit être inscrit jour par jour, offrirait de tangible à notre esprit, au point de vue du classement et de la coordination des opérations, ce qu'offrirait instantanément de compréhensible à notre jugement le total d'une addition où seraient groupés des fruits, du charbon, du vin, etc...

La division des journaux est donc la première règle de la science et de l'art des comptes, règle hors de laquelle les écritures ne sont qu'irrégularité, chaos, hétérogénéité. Voilà pourquoi les maisons de commerce, même les moins importantes, tiennent des journaux divisionnaires.

Savigny. — Le titre II du Code de commerce, Paris, Revue de Comptabilité, juillet 1895.

Le législateur de 1807, cela est évident, a eu le tort de confondre et la comptabilité et le journal, c'est-à-dire de considérer que toute la comptabilité est dans le journal, alors que le journal n'est qu'un organe de la « comptabilité ».

Le législateur de 1807 a manqué, en outre, de cette réserve qu'on est en droit d'attendre de tout législateur. Ne devait-il pas prévoir l'essor industriel et commercial qui allait se produire, par suite de la substitution des machines à la main de l'homme, essor d'affaires dont la conséquence naturelle fut la division du travail industriel et commercial et, conséquemment, du travail comptable ?

C'est, en effet, cet essor d'affaires qui a obligé les commerçants et leurs comptables à renverser l'ancien ordre, ou plutôt l'ancien désordre comptable, pris pour base par le législateur.

E. Léautey. — Traité des Inventaires et des Bilans, pag. 199 et suivantes. Paris, Librairie comptable et administrative, 1897.

... Notre législation commerciale contient une grande lacune à l'endroit des dispositions relatives aux livres de commerce. Cet état de choses provient sans doute de ce que la comptabilité n'avait pas de règles approfondies lorsque le législateur de 1807 a fait le titre II du livre Ier du Code de commerce.

... Tout le monde sait d'ailleurs que ces dispositions (du titre II) sont tombées en désuétude et qu'elles ne répondent plus aux besoins du commerce, en admettant qu'elles y aient jamais répondu. Il est avéré, en effet, que ces articles n'ont plus aucune raison d'être et doivent être complètement remaniés.

Le législateur de 1901 (lois des finances) s'appuie cependant encore sur eux.

F. Duplessis. — De la déduction des dettes commerciales de l'actif successoral, aux points de vue fiscal et comptable, pag. 25 et suivantes.) Paris, l'auteur, 1902.

BIBLIOGRAPHIE

Anonyme. — Les livres de Comptabilité et le Code de commerce. Paris, Revue de Comptabilité, 20 mars 1887.

— Les livres de Comptabilité et le Code de commerce. Alger, journal « le Petit Colon », mars 1887.

— Des livres de commerce. Paris, Revue de l'Enregistrement, des Hypothèques, du Timbre et du Domaine, nos 195, 196, 197, 1907.

Ardisson de Perdiguier. — Nécessité pour les commerçants de l'application des lois commerciales et pénales, relatives à la tenue des livres de commerce. Publication de l'association des comptables professionnels de Marseille. Marseille, Imprimerie Nouvelle, 1903.

Batardon (L.) (S. C. F.) et (C. E. C. P.). — Prescriptions légales concernant les livres de commerce. Voir Comptabilité commerciale. La méthode centralisatrice, Paris, Dunod et Pinat, 1910.

Baudran (E.) (S. C. F.). — Fantaisie sur l'article 8 du Code de commerce. Paris. Revue de la Comptabilité. 20 juillet 1887.

Bédarride. — Commerçants et livres de commerce. Commentaire des articles 1 à 17. Paris, Giard, 1854.

Bellettre (G.) (S. C. F.). — La loi et les livres de commerce. Marseille, Revue pratique d'Economie commerciale, février 1912.

Calmes (A.) (S. C. F.). — Des législations sur la comptabilité. Étude de droit comparé. Mons, les Cahiers commerciaux. Janvier 1910.

Chambre syndicale des Comptables. — Pétition déposée à la Chambre des Députés ayant pour objet la réforme des articles du titre II du Code de commerce (livres de commerce). Paris, 12 avril 1889.

Abréviations : *C. E. C. P. Membre de la Compagnie des Experts-comptables de Paris. — S. C. F. Membre de la Société de Comptabilité de France.*

Claudel (S. C. F.). — L'article 8 et les affaires dans leurs exigences en matière de comptabilité. Paris, Guillaumin, 1890.

1er Congrès des comptables français tenu à Paris en 1880. Compte rendu des séances.
2e Congrès des comptables tenu à Paris en 1882.

Congrès international de Comptabilité tenu en 1889. Paris, Librairie Comptable.
Congrès national des comptables tenu à Marseille en 1906. Compte rendu et rapport. Publication de l'Association des comptables professionnels. Marseille, 1906.
Congrès international de comptabilité tenu à Lyon en 1907. Rapport, Publication de la Chambre syndicale des comptables de Lyon, 1908.
Congrès national de Comptables tenu à Paris en 1908.
Congrès national de Comptables tenu à Paris en 1909.
Marseille. Revue des Sciences commerciales.

Coudert. — Le Livre du brocanteur et du négociant en chiffons. Paris, Rousseau 1903.

Courtin (L.). — Étude sur la réforme des articles 8 et suivants du titre II du Code de commerce. Paris, Publication de la Chambre syndicale des comptables, 1889.

Daubresse (S. C. F.). — Le Livre journal : La Loi. Mons, les Cahiers commerciaux, Juin 1911. La légende du journal. Les Cahiers Commerciaux, janvier 1908.

Daunay. — Rapport sur la centralisation des écritures. Voir Rapport général du comité d'études présenté au 2e Congrès des Comptables français. Paris, Revue de la Comptabilité, 1882.

Delmas (L.) (S. C. F.). — A propos des articles 8 à 13, titre II, du Code de commerce, Marseille, Revue des sciences commerciales, 1907.

Dodat (S. C. F.). — Projet de réforme de l'article 8 du Code de commerce. Paris, Société Académique de Comptabilité, 1889.

Duplessis (F.) (C. S. F.) et (C. E. C. P.). — De la déduction des dettes commerciales de l'actif successoral (aux points de vue fiscal et comptable). Chapitre II des prescriptions de la loi au point de vue comptable. Paris, l'auteur, 1902.

Encyclopédie du Commerce. — Livres de commerce : législation et jurisprudence française et étrangère, pages 203 à 249. Bruxelles, Gilis, 1907.

Falconnet (F.). — Nécessité pour les commerçants et les comptables de l'application des lois commerciales et pénales en ce qui concerne les livres de commerce. Publication de la Société professionnelle des Comptables de Lyon. Lyon, Rey et Cⁱᵉ, 1902.

Faure (Gabriel) (S. C. F.). — Étude technique sur la centralisation des écritures journalières (la lettre et l'esprit des prescriptions légales). Paris, Société de Comptabilité de France, 1907.
— La tenue des Livres sur feuillets mobiles au point de vue comptable. Paris, Société de Comptabilité de France, 2ᵉ édit., 1911.

Gagey (A.). — La tenue du livre-journal. Interprétation de l'article 8 du Code de commerce. Paris, Revue de la Comptabilité 30 avril et 20 juin 1887.
— Réforme de la loi sur la tenue des livres. Projet de loi des articles 8 à 11. Paris, l'auteur, 1892.

Garnier (Eug.) (S. C. F.). — De la régularité des livres de commerce, considérée au point de vue fiscal, eu égard à la loi du 25 février 1901 sur les successions. Paris, Bulletin de la Société de Comptabilité de France, N° 45, 1910.

Gastou. — L'article 8 du Code de commerce. Paris, Revue de Comptabilité, 30 juin 1887.

Gréverath. — L'article 8 du Code de commerce. Paris. Revue de la Comptabilité, 10 juin 1887.

Léautey (Eugène) (S. C. F.). — Les art. 8 à 13 du Code de commerce devant la pratique. Voir Questions actuelles de Comptabilité, pages 36 à 47, Paris, Guillaumin, 1881.
— Réforme apportée à la loi française. Traité des Inventaires et des Bilans. Paris, librairie comptable et administrative, 1897.

Malapert. — Note juridique sur les livres de commerce. Paris, Marchal et Billard, s. d.

Mansuy (E.). — Lois relatives à la comptabilité. La comptabilité intégrale. Paris, Alcan, 1904.

Marchal (J.) (S. C. F.). — A propos du journal. Le journal n'est pas le livre fondamental de la comptabilité. Lyon, Revue Banque et Commerce, n° 30, 1901.
— A Messieurs les juges des Tribunaux de Commerce, à propos du journal. Les art. 8, 10 et 11 du Code de commerce. Lyon, Revue Banque et Commerce, n° 46. 1902.

Mawet (E.). — La loi et le copie de lettres. Paris, mon Bureau, juillet 1911.

Milout (E.). — Les livres exigés pour certaines catégories de commerce, par des lois spéciales, des décrets, des ordonnances de police. Paris, Revue l'Instruction Commerciale, janvier 1906.

Moynier (A.). (S. C. F.). — Le journal intégral. Marseille. Revue des Sciences commerciales, novembre 1908.
— Les articles 8, 9 et 10 devant le Congrès international de Lyon de 1907. Marseille, Revue des Sciences commerciales, décembre 1908.

Orrier. — La réforme du Code de commerce, les livres de commerce. Mons, les Cahiers commerciaux, mars 1908.

Pouget. — Des livres de commerce. Thèse. 1876.

Rachou (L.). — Communication, représentation et force probante des livres de Commerce en justice. Publication de la Société de Comptabilité de France. Paris, 1902.
— La tenue des Livres sur feuillets mobiles au point de vue juridique (articles 8 à 10 du Code de commerce). Paris, Société de Comptabilité de France, 2ᵉ édit., 1911.
— Les livres-journaux multiples, Marseille, Revue des Sciences Commerciales, décembre 1911.

Renard (L. T.). — La centralisation. Paris, l'auteur, 1863.

Savigny (A.) (S. C. F.). — Le titre II du Code de commerce. Paris. Revue de Comptabilité 1895.

Sernay. — Les livres de commerce comme moyen de preuve dans les contestations entre commerçants et non commerçants. Paris, le Moniteur du Commerce et de l'Industrie, 16 novembre 1909, et Marseille, Revue des Sciences commerciales, octobre 1910.

Société Académique de Comptabilité. (Société de Comptabilité de France). — Pétition déposée au Sénat et à la Chambre des Députés. Projet de réforme des articles 8, 10 et 12 du Code de commerce. Paris, 1890.

Strobel (M.). — Le Code de commerce et les livres que doit tenir un commerçant. Paris, mon Bureau, mars 1910.

Théate. — Des livres de commerce, 1895.

Wagner (G.). — La comptabilité centralisatrice et le droit. Mons, les Cahiers commerciaux, avril 1914.

1214-17 — Imp. des Orph.-Apprentis d'Auteuil, 40, rue La Fontaine, Paris.